LE BERGER ALLEMAND

Le guide du chiot

Choisir, accueillir, éduquer, partager, jouer, soigner, nourrir, et aussi propreté, sexualité, vieillesse, éleveurs.

ISBN-13: 978-1722466558
ISBN-10: 1722466553

Edition CreateSpace ISBN.

Difffusion Amason LTD

Choisir, Accueillir, Eduquer, Partager, Jouer, Soigner, Nourrir , Propreté, et aussi Sexualité, Vieillesse, Eleveurs.

pilou

LE BERGER ALLEMAND

Le guide du chiot

SOMMAIRE

1 - BIENVENUE

Sachez qu'en faisant l'acquisition d'un chiot, vous en encouragez le mode d'élevage. Un chiot doit naître et grandir dans le respect de ses besoins physiologiques et psychologiques, qui ne sont ni l'exiguïté ni le minimum vital en guise de soins. Les parents du chiot doivent avoir été testés pour les maladies usuelles. Un chiot doit avoir des parents inscrits au LOF, car les accouplements par hasard d'une rencontre ne garantiront jamais les spécificités d'une race. Les éleveurs agréés garantissent la continuité de la race, ce sont leurs préoccupations essentielles. Votre choix n'est pas anodin.

Plusieurs approches existent pour éduquer votre chien, la traditionnelle repose en partie sur le principe de la punition pour faire comprendre au chien à quel moment il se comporte mal. Elle semble avoir des résultats rapides, mais son fondement lui-même est contesté, car elle produit de mauvais conditionnements. Le chien n'a pas à juger la situation ni à analyser le danger, mais il doit réagir comme un automate.

Je propose une éducation qui utilise le renforcement positif, et qui donc va tirer parti de toute l'intelligence du berger allemand, elle est souvent nommée « méthode moderne ».

2 - LE BERGER ALLEMAND

Le berger allemand est un beau chien, éclectique, intelligent, robuste, facile à éduquer et à entretenir. C'est un chien équilibré, sûr de lui, vigilant et à l'écoute du maître. Il fait preuve de courage, et possède un instinct naturel à la défense du maître et de la propriété. Il est heureux dès lors qu'il partage le quotidien de son maître. À la maison, l'apprentissage de la hiérarchie et du respect doit se faire dès son plus jeune âge. Il faut savoir rester ferme, mais juste. Le berger allemand comprend vite et souhaite apprendre. Son environnement compte beaucoup, et il doit y trouver un équilibre. Le berger allemand est exigeant sur le plan affectif, il a besoin qu'on le sollicite pour jouer, pour être caressé et pour partager. Il a besoin d'être mis à contribution et d'avoir un rôle à jouer. Avec les enfants une très grande complicité pourra naître avec un berger allemand. Il faudra toujours surveiller un enfant et un chien.

Le berger allemand est un chien qui s'adapte à toutes les situations, mais qui aura besoin de codes précis qui ne devront pas être constamment changés. Il sera un chien formidable, si son éducation a été bien menée. il ne peut s'épanouir et être heureux que s'il peut avoir une activité physique importante. Il doit absolument recevoir une éducation positive, c'est-à-dire sans cri ni brusqueries ! Sa souplesse de caractère est certainement sa qualité première. Il apprend vite, écoute parfaitement, et à une parfaite capacité d'adaptation.

C'est le chien idéal pour un maître averti, car il a besoin de son pour canaliser son instinct. Bien entendu le travail est idéal. Son instinct de défense et de garde peut occasionner de gros problèmes de comportement s'il n'a pas été éduqué correctement.

Le berger allemand est un chien émotionnel et instinctif, et c'est aussi un athlète puissant. Pour être heureux avec un berger allemand, il faut partager vos activités le plus possible avec lui. Vous apprendrez ainsi à le connaître et vous serez surpris par son instinct et sa capacité d'anticipation. Il n'y a qu'une seule règle, si vous faites confiance à votre berger allemand, il vous fera confiance. Pour construire une relation pérenne et fiable, les jeux, la récompense, l'activité et l'éducation sont les outils de l'éducation du berger allemand. Avec un berger allemand il suffit de savoir dire non ! et une seule fois ! votre compagnon aura compris.

Les Bergers de Württemberg et les bergers de Thuringe ont donné le patrimoine génétique du berger allemand. Le début de la toute première lignée est celle de Hektor von Linksrhein un berger de Thuringe de couleur gris et jaune, à oreilles droites, qui sera ensuite rebaptisé Horand von Grafath.

Je vous présente le standard officiel de la FCI, qui vous permettra de mieux connaître votre futur berger allemand, et aussi de vous assurer que celui que vous allez choisir correspond aux qualités de la race.

STANDARD : berger allemand FCI-Standard N°166 - ORIGINE: Allemagne.

DATE DE PUBLICATION DU STANDARD OFFICIEL EN VIGUEUR: 11.08.2010.

UTILISATION: travail polyvalent, l'élevage et le chien de service.

FCI-CLASSIFICATION:

Groupe 1 - Chiens de berger et de bouvier (sauf Montagne suisse et chiens de bouvier).

Section 1 - Chiens de berger.

Avec épreuve de travail.

Bref aperçu historique:
Selon la documentation officielle de la Verein für Deutsche Schaferhunde (SV) eV (Société pour le chien de berger allemand, «SV» pour faire court) - domicile légal à Augsbourg, en Allemagne, membre de la Verband für das Deutsche Hundewesen (VDH, allemand Kennel Club) - le «SV», comme le club fondateur de la race est responsable de la standard de la race du chien de berger allemand. Établi dans la première assemblée générale à Francfort / Main, le 20 Septembre 1899 en fonction des suggestions par A. Meyer et Max von Stephanitz et en plus des modifications de la 6ème réunion générale le 28 Juillet 1901, la 23e réunion générale à Cologne / Rhénanie, le 17 Septembre 1909, le Conseil d'administration et réunion du Conseil consultatif à Wiesbaden le 5 Septembre 1930 et le Comité de reproduction et réunion du Conseil exécutif le 25 Mars 1961, des révisions ont été résolus dans le cadre de l'Union Mondiale des Clubs berger allemand (WUSV) Réunion sur 30 Août 1976.

Révisions et mesures répertoriées ont été résolues avec la résolution d'habilitation par l'intermédiaire du Conseil exécutif et du conseil consultatif du 23/24 Mars 1991, modifié par les conventions fédérales du 25 mai 1997 et le 31 mai / 1er Juin 2008.

Le chien de berger allemand, dont l'élevage méthodique a débuté en 1899 après la fondation de la société, avaient été élevés à partir des centrales allemandes et le sud de races allemandes des chiens de troupeau existant à ce moment-là avec l'objectif ultime de créer un chien de travail enclin à haute réalisations. Afin d'atteindre cet objectif, le standard de la race du chien de berger allemand a été déterminée, ce qui a trait à la constitution physique ainsi que les traits et caractéristiques.

Aspect général

Le Berger allemand est de taille moyenne, légèrement allongé, puissant et bien musclé, avec l'os sec et structure de l'entreprise globale.

Importants rapports dimensionnels

La hauteur au garrot des montants de 60 cm à 65 cm pour les mâles et 55 cm à 60 cm pour les chiennes. La longueur du tronc dépasse la dimension à la hauteur au garrot d'environ 10 à 17%.

Caractère

Le chien de berger allemand doit être bien équilibré (avec les nerfs solides) en termes de caractère, sûr de lui, absolument naturel et (sauf pour une situation stimulée) débonnaire ainsi que l'écoute et prêts à s'il vous plaît. Il doit posséder un comportement instinctif, la résilience et l'auto-assurance afin d'être adapté en tant que compagnon, la garde, la protection, de service et chien de troupeau.

Tête

La tête est en forme de coin, et en proportion de la taille du corps (longueur d'environ 40% à la hauteur au garrot), sans être grasse ou trop allongée, sèche dans l'apparence globale et modérément large entre les oreilles.

Vu de face et de côté, le front est seulement légèrement galbé et sans ou avec seulement un sillon légèrement indiqué milieu.

Le rapport de la région crânienne de la région faciale est de 50% à 50%. La largeur de la région crânienne, plus ou moins correspond à la longueur de la région crânienne. La région crânienne (voir ci-dessus) se rétrécit graduellement vers le pont nasal avec pente douce, arrêt pas nettement représenté dans la région en forme de coin du visage (chanfrein) de la tête. Mâchoires supérieures et inférieures sont fortement développés.

Le dos du nez est droit, toute baisse ou d'un renflement n'est pas souhaitable. Les lèvres sont tendus, près bien et sont de coloration sombre.

- Le nez doit être noir.

- Les dents doivent être fortes, saines et complète (42 dents selon la formule dentaire). Le Berger allemand a un articulé en ciseaux, c'est à dire les incisives doivent verrouillage comme des ciseaux, de sorte que les incisives de la mâchoire supérieure se chevauchent celles de la mâchoire inférieure. Superposition occlusale, supraclusion et de l'occlusion rétrusive ainsi que de plus grands espaces entre les dents (lacunes) sont défectueux. La crête droite dentaire des incisives est également défectueux. Les os de la mâchoire doit être fortement développée de telle sorte que les dents peuvent être profondément ancrée dans la crête dentaire.

- Les yeux sont de taille moyenne, en amande, légèrement obliques et non saillants. La couleur des yeux devrait être aussi sombre que possible. Lumière, les yeux perçants sont indésirables, car ils altèrent l'impression du chien.

- Oreilles: Le Berger allemand a des oreilles dressées de grandeur moyenne, qui sont transportées en position verticale et alignés (non établi en latéralement); ils sont pointés et avec l'oreillette vers l'avant.

Oreilles à pointes et des oreilles tombantes sont défectueux. Oreilles effectuée vers l'arrière lors du déplacement ou en position détendue ne sont pas défectueux.

Cou

Le cou doit être fort, bien musclé et sans peau du cou en vrac (fanon). L'angulation vers le tronc (horizontale) s'élève à env. 45%.

Corps

La ligne haut à partir de la base du col par

l'intermédiaire des haut, garrot longues et via la ligne droite vers la croupe légèrement inclinée, sans interruption visibles. Le dos est modérément long, ferme, fort et bien musclé. Le rein est large, courte, fortement développé et bien musclé. La croupe doit être longue et légèrement en pente (environ 23 ° à l'horizontale) et la ligne supérieure doit se fondre dans la base de la queue sans interruption.

La poitrine doit être modérément large, le bas de la poitrine et aussi longtemps que possible prononcée. La profondeur de la poitrine devrait s'élever à env. 45% à 48% de la hauteur au garrot.

Les côtes doivent figurer une courbure modérée; un coffre en forme de tonneau est tout aussi défectueux que des nervures plates.

La queue s'étend au moins le jarret, mais pas au-delà du milieu de la biche métacarpe. Il a les cheveux un peu plus long sur la face inférieure et est portée pendante à la baisse dans une courbe douce, de sorte que dans un état d'excitation et en mouvement, il est soulevé et porté plus haut, mais pas au-delà de l'horizontale. Corrections opératoires sont interdits.

Membres

Membres antérieurs

Les membres antérieurs sont droits vus de tous les côtés, et absolument parallèles vus de l'avant.

Omoplate et le bras sont de longueur égale, et fermement attaché au tronc par des moyens de la musculature puissante. L' angulation de l'omoplate et le bras est idéalement 90 °, mais en général jusqu'à 110 °.

Les coudes ne peuvent être transformés en soit en position debout ou en mouvement, et pas non plus poussé po Les avant-bras sont droits vus de tous les côtés, et parfaitement parallèles les uns aux autres, sec et bien musclé. Le métacarpe a une longueur d'env. 1/3 de l'avant-bras, et présente un angle d'env. 20 ° à 22 ° par rapport à l'avant-bras. Un inclinée paturon (plus de 22 °) ainsi que d'une forte paturon (moins de 20 °) altère la pertinence pour le travail, en particulier l'endurance.

Les pattes sont arrondies, bien serrés et cambrés; les semelles sont difficiles, mais pas cassant. Les ongles sont forts et de couleur foncée.

Arrière-main

La position de pattes arrière est légèrement vers l'arrière, grâce à quoi les pattes arrière sont parallèles entre elles, vu de l'arrière. Branche supérieure et inférieure de la jambe sont approximativement de la même longueur et forment un angle d'env. 120 °, les jambes sont fortes et bien musclées.

Les jarrets sont fortement développés et ferme; la biche métacarpe est verticalement sous la pointe du jarret.

Les pattes sont fermées, légèrement arqué, les coussinets sont durs et de couleur foncée; les ongles sont forts, cambrés et également de couleur foncée.

Démarche

Le Berger allemand est un trotteur. Les membres doivent être coordonnées de la longueur et les angulations de telle sorte que le chien peut se déplacer vers l'arrière-train du tronc sans aucun changement essentiel de la ligne supérieure et peut atteindre aussi loin avec les membres antérieurs. Toute tendance à la sur-angulation des membres postérieurs diminue la stabilité et l'endurance, et donc la capacité de travail. Corriger les proportions du corps et les résultats angulations dans une démarche qui est loin et à plat sur le sol qui donne l'impression de sans effort mouvements vers l'avant. La tête de poussée en avant et le résultat queue légèrement relevée d'une manière cohérente, au trot d'eau montrant une courbe en douceur, la ligne ininterrompue supérieure à partir de la pointe des oreilles au cours de la nuque et le dos à la fin de la queue.

Peau

La peau est (vaguement) de montage, mais sans former de plis.

Couche

La texture des cheveux

Cheveux:

Le Berger allemand est élevé dans les variétés poil de double et longue et dure couche extérieure, tant avec sous-poil.

Poil double:

Le poil de garde doit être aussi dense que possible, particulièrement dur et près du corps: court sur la tête, y compris l'intérieur des oreilles, court sur la face avant des jambes, des pattes et les orteils, quelque peu plus longue et plus fortement couvert de cheveux sur le col. Sur la face arrière des jambes les cheveux s'étend à l'articulation du carpe ou du jarret; elle fait des modérés pantalon sur la face arrière des hanches.

Longue et rude poil de couverture:

Le poil de garde doit être long, doux et non près du corps, avec des touffes sur les oreilles et les jambes, pantalons épais et queue touffue avec la formation de la baisse de la touffe. Court sur la tête, y compris l'intérieur des oreilles, sur la face avant des jambes, sur les pattes et les orteils, un peu plus longtemps et plus fortement couvert de poils sur le cou, formant presque une crinière. Sur la face arrière des jambes les cheveux s'étend à l'articulation du carpe ou du jarret et forme un pantalon clairs sur la face arrière des hanches.

Couleurs

Les couleurs sont noir avec rouge-brun, brun et jaune à la lumière des marques grises; unicolore noir, gris avec des plus sombres, un manteau noir et un masque. Discrètes, petites marques blanches au poitrail ainsi que la couleur très léger sur l'intérieur sont autorisées, mais pas souhaitable. Le bout du nez doit être noir dans toutes les couleurs. Les chiens avec absence de masque, de la lumière à la couleur des yeux perçants, ainsi que avec la lumière pour des marques blanchâtres sur la poitrine et l'intérieur, les ongles pâles et pointe rouge de la queue sont considérés comme manquant de pigmentation. Le sous-poil montre un ton grisâtre pâle. La couleur blanche n'est pas autorisé.

Taille / poids

Les chiens mâles:

Hauteur au garrot: 60 cm à 65 cm

Poids: 30 kg à 40 kg

Les chiennes:

Hauteur au garrot: 55 cm à 60 cm

Poids: 22 kg à 32 kg

Testicules

Les mâles doivent avoir deux testicules d'aspect évidemment normalement développés qui sont complètement dans le scrotum.

Défauts

Tout écart par rapport aux points mentionnés ci-dessus doivent être considérés comme une faute dont l'évaluation devrait être pénalisé en fonction de l'importance de l'écart.

Fautes graves

Les écarts par rapport aux caractéristiques de la race décrits ci-dessus qui nuisent à la capacité de travail.

Oreilles défectueuses: les oreilles fixés trop bas latéralement, les oreilles, les pointes vers l'intérieur des oreilles, des oreilles constriction pas fermes

Carences pigments considérables.

Gravement atteinte de la stabilité globale.

Défauts dentaires:

Tous les écarts par rapport à un articulé en ciseaux et de la formule dentaire dans la mesure où elle n'implique pas l'élimination des défauts (voir ci-après)

3- CHOISIR SON CHIOT

Je vais d'abord, parlez de vous, futur maître, avant de vous livrer un lot de conseils sur le choix de votre berger allemand. La petite boule de poils, c'est tout beau, tout mignon. Êtes-vous sûrs de votre choix ?

Un chien c'est pour 12 à 14 ans de vie commune avec un compagnon.

Êtes-vous joueurs — pas de poker ou de roulette russe — mais de balle, ou de Frisbee. Le jeu est le secret pour établir une connivence avec votre chien. Si vous associez le jeu et la récompense alors ce sera gagné. Mais attention, l'usage de la récompense est un art. L'objectif n'est pas d'avoir un chien dépendant à la croquette.

Je vais faire des grincheux, mais un berger allemand ne s'achète pas en animalerie, et surtout pas chez un particulier non déclaré comme éleveur et qui aurait de magnifiques chiots sans LOF. L'élevage est depuis janvier 2016 réglementé. C'est une affaire de professionnels.

Nous allons tordre le cou une fois de plus à une idée reçue. Un chien dominant cela n'existe pas. Le chien réagit à un phénomène de meute, il ne sera jamais dominant ou soumis, il évoluera dans une palette de comportements en fonction du contexte et de son caractère. Par contre un chien peut avoir plus ou moins de caractère, être plus ou moins craintif ou insociable. Un test vous aidera à comprendre le caractère du chiot, et l'éducation jouera alors pleinement son rôle.

Un chien garde doit avoir du caractère, avoir une tendance à l'autonomie, voire à l'indépendance.

Je vous invite à visiter le site du club de la race du CCBA et l'association UCFAS. S'il y a une portée elle est annoncée sur les sites. Une fois repéré la portée, vous devrez visiter l'élevage, il ne faudra pas décider avant, et surtout pas par téléphone. Vous prendrez rendez-vous pour une visite.

Lors de la première visite de l'élevage, faites confiance à votre instinct, soyez observateurs, questionnez l'éleveur. Avec ce livre vous saurez déjà beaucoup de choses. Vous allez vivre de dix à quatorze ans, avec votre compagnon. Voyons, c'est sérieux.

C'est très intime. Vos enfants joueront avec votre berger allemand. C'est essentiel que votre chien soit sociable. Attention, avec un enfant ne perdez jamais le chien de vue. Quelle que soit la race du chien cette règle est essentielle.

Pour choisir votre chiot il y a le test comportemental élaboré par le psychologue William Campbell à la fin des années soixante, qui a été créé pour prévoir les tendances comportementales des chiots soumis aux ordres et à la domination (physique et sociale) de l'homme.

Son but est d'aider un acquéreur potentiel à choisir, à l'intérieur d'une portée, le sujet le plus adapté au milieu et à la famille dans lesquels il est appelé à vivre.

Le test de Campbell est très utile si l'on n'attend pas d'autres résultats que ceux prévus à l'origine par ce test : ce n'est ni un test d'intelligence ni un test d'aptitude, et l'on ne peut donc pas considérer qu'il va nous fournir des indications allant dans ce sens.

Dans quelques cas seulement, avec des races au caractère très particulier – comme le Chow-Chow –, le test de Campbell ne donne pas de résultats fiables.

Le test se fait entre quarante à cinquante jours, il dure une demi-heure. Vous choisirez un lieu isolé et tranquille, n'offrant aucune distraction, et clos. Il doit y avoir une entrée parfaitement identifiable. Il est indispensable que ce lieu, situé à l'extérieur ou à l'intérieur, soit absolument inconnu du chiot.

Le futur propriétaire du chiot doit demander à exécuter le test lui-même.

Si l'éleveur vous dit qu'il a déjà soumis la portée au test, demandez-lui gentiment l'autorisation de le refaire vous-même. S'il refuse, à vous de juger l'éleveur. Sûrement sa notoriété est surfaite.

Vous prenez vous-même le chiot que vous envisagez et vous le conduisez dans une zone choisie pour le test. Cette zone est évidemment convenue avec l'éleveur.

Vous ne devez pas parler au chiot, ni l'encourager, ni le caresser. Si le chiot fait ses besoins pendant le test, ignorez la chose et ne nettoyez l'endroit que quand le chiot sera parti.

<u>Attraction sociale</u> : Posez délicatement le chiot au centre de la zone de test et éloignez-vous de quelques mètres dans la direction opposée à celle de l'entrée. Accroupissez-vous ou asseyez-vous en tailleur et tapez doucement dans vos mains pour attirer le chiot, il doit vous rejoindre.

<u>Aptitude à suivre</u> : Partez d'un point situé à proximité du chiot et, éloignez-vous du chiot en marchant normalement. Le chiot doit vous suivre tout de suite.

<u>Réponse à la contrainte</u> : Accroupissez-vous, retournez délicatement le chiot sur le dos et maintenez-le dans cette position pendant 30 secondes environ en laissant votre main sur sa poitrine. Le chien se rebelle puis se calme et vous lèche.

<u>Dominance sociale</u> : Baissez-vous et caressez doucement le chiot en partant de la tête et en continuant par le cou et le dos. Le chiot se retourne et vous lèche les mains.

<u>Dominance par élévation</u> : Prenez le chiot sous le

ventre en croisant vos doigts, les paumes des mains vers le haut. Soulevez-le légèrement du sol et maintenez-le ainsi pendant 30 secondes environ. Le chiot se rebelle puis se calme et vous lèche les mains.

Le test complet est modulable, en fonction des réponses, je vous ai donné les meilleures réponses du chiot.

Certains chiots ont tendance à réagir d'une façon agressive et pourraient même mordre. Ils ne conviennent pas à une famille avec des enfants ou des personnes âgées, car ils ont trop de caractère et sont à réserver à un maître averti qui veut faire de l'activité canine.

Certains chiots ont tendance à se faire valoir, sans toutefois atteindre des excès. Ils ne sont pas recommandés dans les familles où vivent déjà des enfants en bas âge ou d'autres chiens du même sexe.

Certains chiots, sont extrêmement soumis, et devront recevoir beaucoup de douceur et de gratifications pour avoir confiance en eux et parvenir à s'adapter le mieux possible au milieu humain. Ils cohabiteront difficilement avec des enfants.

À vous de situer le chiot en fonction du test. Le chiot a répondu comme je vous l'ai indiqué, il est complètement équilibré et pourra s'adapter partout, même s'il y a des enfants ou des personnes âgées. Il a un degré élevé de docilité.

4 - L'ARRIVÉE DU CHIOT

Avant de voyager, vous avez réglé les dernières formalités, et vous avez été particulièrement attentifs aux vaccinations. Vous avez un carnet de santé, un livret des origines familiales, un carnet de vaccinations et une facture.

Pour votre voyage, sachez que le chiot berger allemand est un être fragile qui va pour la première fois vivre ce qui est pour lui un drame. Alors soyez compréhensifs envers votre chiot.

Vous ferez une halte par heure. Vous avez de l'eau, une gamelle, du papier absorbant, deux serviettes, et une vieille chemise à vous.

Pourquoi vous demandez-vous ? Eh bien la chemise va beaucoup servir plus tard, car elle sera imprégnée de votre odeur, et deviendra un repère pour le chien.

Lorsque le chiot berger allemand entre à la maison, il faut qu'il trouve un coin prêt pour lui. Il aura un panier avec un tapis moelleux. Il faut éviter l'osier, car le chiot va déchiqueter et engloutir des morceaux. Vous aurez prévu deux écuelles si possible en acier et des jouets. Il devra y avoir deux types de jouets, pour s'amuser, et pour travailler.

Ne donnez pas de jouets en mousse ou en plastique que le chiot berger allemand va détruire et dont il avalera des morceaux. Je préconise une balle ronde, une balle ovale et une barre en élastomère. Je ne suis pas sponsorisé, alors je m'autorise à vous conseiller la marque Kong qui est à mon sens la plus résistante et qui est ajourée pour mettre des friandises dans les jouets. Le poids des chiens pèsera à terme sur leurs articulations non protégées par du poil, et cela engendrera des calcites aux coudes des pattes. Offrez à votre chiot un coussin de panier très confortable et si possible avec une housse lavable.

Il ne faudra pas donner de suite ses jouets au chiot berger allemand. Vous devrez attendre au minimum trois jours avant de jouer avec lui. Ensuite vous pourrez en laisser à la disposition du chiot.

Les jouets de travail vous les garderez pour l'apprentissage avec le chiot. Cette procédure est la base de l'éducation du chiot berger allemand.

Le chiot en arrivant va devoir s'habituer à son chez lui et à sa nouvelle famille. Soyez patients, laissez le chiot prendre ses marques. Vous devrez attendre que votre chien soit en sécurité et se sente protégé avant de le solliciter.

À son arrivée, vous allez d'abord continuer les câlins, et doucement laisser le chiot explorer sa nouvelle maison. À ce moment-là, il y aura peut-être un besoin urgent et vous devrez faire comme si de rien n'était. S'il vous plaît ne montrez pas au chien que vous nettoyez, ne marquez pas le moment des besoins sinon vous augmenterez le temps que le chiot mettra à être propre.

Si vous avez un jardin, vous pourrez anticiper le moment du besoin urgent. Votre chiot berger allemand sera très vite propre.

Le chiot fourrera son museau partout, laissez-le faire pour qu'il puisse se familiariser avec son milieu. Comme il va à un moment faire une bêtise, votre première leçon d'éducation va commencer.

Vous devez savoir dire « NON » et de façon sèche. C'est très important.

Ne vous inquiétez pas, si vous devez répéter. Pendant les deux premières semaines, c'est juste un « NON » que vous répéterez autant de fois que nécessaire. Surtout il ne doit pas y avoir de punition.

Ne vous précipitez pas au moindre gémissement du chien, sous peine d'en faire un mauvais comportement.

Le chien vit sa vie, vous vivez la vôtre. Ce n'est pas le chien qui décide.

Éviter l'accident en apprenant à bien soulever le chiot, mettez une main sur la poitrine, mettez l'autre main sous les fesses.

Après une semaine vous ne direz « NON » que deux fois. Si le chien continue, vous n'insisterez pas. Vous changerez de stratégie. Première leçon il ne faut pas crier. Deuxième leçon il ne faut jamais toucher le chien pour le contraindre.

Vous allez associer l'ordre « NON » à un bruit. J'utilise une bouteille d'eau en plastique remplie de petits cailloux et bien bouchonnée. Vous lancerez la bouteille à droite ou à gauche du chien en donnant sèchement l'ordre « Non ».

Je dis à droite ou à gauche et suffisamment loin de lui. C'est juste fait pour détourner son attention. L'erreur sera de toucher le chien avec la bouteille, car vous le rendrez peureux.

S'il vous plaît ce n'est pas un jouet, mais un outil d'éducation, alors ne donnez pas la bouteille au chiot.

Le chiot devra rester une semaine dans sa maison avec sa famille. Il ne devra pas rester seul, car il serait désorienté et stressé. Et malheureusement votre chiot répondra à sa façon à son déséquilibre. Oui bien sûr il y a la propreté. Pensez-vous que le chiot fera dehors ? Essayez. Mais attention à ne pas exposer le chiot, car son système immunitaire est inexistant pour l'instant.

Après une semaine, sortez et laissez le chien seul chez vous cinq minutes puis revenez. Félicitez-le, il est resté tranquille, il sera content de vous revoir. S'il a fait un besoin, ou une bêtise, faite comme si de rien n'était. Vous pourrez diminuer le temps, et mettre trois minutes. En général nous commençons par cinq

minutes, puis dix minutes, faites-le tous les jours, et augmentez la durée. Le chien n'a pas la notion du temps. Mais, il a peur de l'abandon. Alors transformez la notion d'abandon en attente positive.
Plus tard, vous allez confier votre maison à votre chien. Alors ne loupez pas l'éducation de base.
À partir de deux semaines chez vous le chien devra sortir et là aussi vous devrez respecter une procédure. Pour sa première sortie le chien portera une laisse et un collier en cuir et surtout pas de collier étrangleur et encore moins de collier électronique.
Vous maîtrisez le premier commandement qui est le « Non ». Vous allez travailler l'ordre « Au pied ». Vous vous rendez dans un endroit calme et vous allez apprendre au chiot berger allemand à marcher à côté de vous. Commencez par mettre votre chien à votre gauche, puis commandez « nom de votre chien - au pied » et avancez la jambe gauche. Le mousqueton doit tomber librement, le chiot doit avoir les épaules au niveau de votre genou. Le chiot doit vous suivre, mais pas vous devancer. Surtout allez-y doucement, vous ne corrigez pas le chiot, vous lui apprenez. Ne vous inquiétez pas, il comprend. Le chien est en apprentissage. Soyez compréhensifs. Avez-vous appris immédiatement ?
Pour l'instant limitez-vous à l'apprentissage de la marche en laisse. Il ne faut que votre ordre soit toujours « nom de votre chiot - au pied » et vous ramenez le chiot en bonne position. J'ai dit délicatement, car c'est un chiot. Mais il a le droit de sortir, et en tout cas il ne doit pas apprendre un mauvais comportement. N'allez pas vous étapes. Vous avez remarqué que nous avons commencé tôt son éducation.
Les sorties devront être progressives en durée et en complexité. N'exposez pas votre chiot berger allemand au centre-ville un samedi aux heures de pointe.

Commencez par des balades en campagne, puis en ville dans un endroit protégé du trafic, puis petit à petit exposez le chiot berger allemand.

Tôt ou tard votre chiot berger allemand aura peur. S'il vous plaît n'ancrez surtout pas ce comportement. Faites comme si de rien n'était et continuez à marcher. Il ne faut jamais féliciter un chiot pour un comportement inadéquat.

Je vous résume ma méthode pour le chiot berger allemand : l'ancrage et le renforcement positif. Rien d'autre.

Quand on désire un peu de tranquillité à la maison, on peut utiliser un enclos pour chiot. Le chien doit avoir un repère, c'est son panier. Il doit de lui-même s'habituer à s'y rendre. C'est son coin, vous n'avez pas le droit d'y aller.

Vous pouvez aussi avoir une cage de transport métallique. Il faut l'y habituer dès son plus jeune âge, en le mettant dedans.

Pour amener le chiot berger allemand à utiliser son panier puis à accepter sa cage de transport, il faut y placer au début un os à mâcher, de la panse à mordiller, des oreilles à lécher, et son jouet préféré, mais surtout sous le coussin la chemise qui a été utilisée pour l'arrivée du chien et qui porte votre odeur. L'ancrage olfactif est une façon de rassurer le chien. Le chiot ne devra jamais être dérangé lorsqu'il se trouvera dans son coin.

5 - LA PROPRETÉ DU CHIOT

Pour votre chiot berger allemand, la propreté signifie naturellement de ne pas faire sur les lieux de couchage et de nourriture. Le chiot doit donc comprendre la propreté autrement.

Pour faciliter l'apprentissage, vous devez respecter quelques règles.

Distribuez la nourriture à heure fixe si possible pas le soir tard.

Laissez manger le chien seul au calme et lui retirer sa gamelle vingt minutes après la lui avoir donnée. Qu'elle soit vide ou pas.

Toujours laisser de l'eau propre disponible.

Sachant que le chiot se soulage après l'ingestion de nourriture, sortez-le juste après avoir mangé, mais ne le faites pas courir.

Un chiot dort beaucoup, il va donc se reposer de nombreuses heures et souhaite se soulager presque automatiquement à son réveil. Sortez-le juste après le repos.

Un chiot de 8 semaines ne peut pas se retenir plus d'une heure ou 2 dans la journée, 3 ou

4 heures la nuit, donc soyez patients. Vous pouvez compter les heures et sortir le chiot. Je vous assure que cela fonctionne très bien, si vous sortez le chien après les repas, après les siestes, après les séances de jeux, le soir avant le coucher et le matin dès le jour et les premiers bruits. Un berger allemand va vite comprendre, et viendra vous alerter.

Il ne faudra pas attendre du chiot berger allemand une réelle capacité à se retenir plusieurs heures avant l'âge de 6 mois.

Vous devez sortir le chiot trois fois par jour au minimum.

Le chiot parfois va naturellement se soulager dans la maison, surtout ne le punissez pas. Mais n'ancrez pas ce mauvais comportement. Faite comme si de rien n'était.

Sortir le chiot berger allemand souvent et dès son plus jeune âge est une évidence.

Au début choisissez de le conduire en laisse dans des endroits tranquilles et propres.

Les endroits bruyants, très fréquentés de gens et de congénères sont à proscrire.

Il est conseillé de sortir le chiot berger allemand avant ses 3 mois. Le risque infectieux est minime. Par contre pour son éducation c'est génial. Il deviendra plus vite équilibré et capable de faire ses besoins en laisse où que vous alliez. Et même si votre chiot berger allemand dispose d'un jardin, cela ne dispense surtout pas de le sortir dans la campagne.

Enfin pas de fixation sur la propreté, elle viendra entre six et huit m

6 - LA SOCIALISATION DU CHIOT

À partir de sa huitième semaine, le chiot berger allemand peut de manière légale quitter l'endroit où il est né.

Il va falloir qu'il découvre sa nouvelle « maison » et poursuive l'apprentissage de la vie, de ce qui l'attend dans les mois et années à venir.

Des expériences nouvelles sont indispensables au chiot berger allemand pour acquérir un équilibre comportemental satisfaisant à l'âge adulte, cette confrontation avec le monde qui l'entoure doit se réaliser dans de bonnes conditions (absence d'éléments anxiogènes).

Le chiot a grandi aux côtés de sa mère qui s'est occupée de lui inculquer quelques règles. Dans le meilleur des cas, il était aussi entouré de frères et sœurs avec lesquels il a pu échanger, jouer et apprendre aussi le partage. S'il a vécu à la campagne et qu'il se retrouve en ville – ou inversement – cela constitue un premier grand changement dans sa vie.

De nouveaux bruits, puis un nouvel environnement, les premiers jours, cela fait beaucoup d'un seul coup ! C'est pour cela qu'il convient de l'accueillir avec un certain calme.

Le chiot berger allemand doit une semaine après son arrivée être manipulé régulièrement, mais précautionneusement, et confronté en douceur et de manière progressive aux différents bruits de la vie courante, il sera plus rapidement à l'aise.

Ensuite, il devra être confronté aux bruits, de la

télévision, de la radio, de l'aspirateur, du balai que l'on passe non loin de son museau, aux voisins dans l'escalier ou le jardin, aux visites d'amis.

Le chiot vacciné, vous devez sortir le plus possible sans craindre pour sa santé. C'est essentiel.

Apprenez-lui progressivement à s'habituer à tous les bruits, à tous les lieux. Ces petites incursions alors qu'il est tout jeune lui éviteront de nombreux problèmes plus tard dans sa vie. Et surtout, surtout faites-lui croiser des gens. Arrêtez-vous, serrer des mains et habituez-le aux enfants de la rue qui veulent le complimenter.

Tordons le cou encore à une idée reçue, le chien ne devrait jamais être caressé par des étrangers, pour préserver son instinct de garde. Pas de chance c'est exactement l'inverse. Il faut le socialiser sinon ce ne sera pas un chien de garde qui sait analyser un danger, mais un lion en cage prêt à bondir sur tout ce qui passe à sa portée.

Le chiot berger allemand doit être présenté à des enfants de tous les âges, s'il n'y en a pas dans la maison, trouvez-en. Par contre, il doit toujours y avoir un adulte qui supervise lorsque les enfants sont avec le chiot de manière à ce que les jeux ne deviennent pas trop houleux et que le chiot ait une expérience positive.

Le chiot berger allemand doit être présenté à des chiens adultes. Si le chiot fait mal à l'adulte, le gros chien trouvera une manière d'arrêter le petit, soit avec un grondement soit avec un aboiement. Stoppez immédiatement votre chiot. Ces conseils sont essentiels pour l'éducation. Apprenez à votre chiot à accepter d'être manipulé par d'autres que vous dès son plus jeune âge. Demandez à vos amis de procéder doucement à l'examen des oreilles, des yeux, de la queue, des gencives et des dents de votre chiot.

Donnez une petite récompense au chiot pour avoir permis ceci. Par contre la récompense ce n'est que vous.

Essayez de vous souvenir de cette règle. Ne permettez à personne de nourrir votre chiot berger allemand, c'est la base de l'éducation au refus d'appât. De cette manière, les chiots apprendront qu'être manipulés par tout un tas de gens est une expérience agréable et manger ce n'est que sur indication du maître. Pour les obligations de pension, il faudra que le chien soit présenté à l'accueillant et progressivement immergé (une heure en pension, puis deux…), ne mettez pas le chien en pension avant son éducation complète c'est-à-dire dix-huit mois. Si vous utilisez votre chien en garde, évitez la pension et préférez confier le chien à des proches connus du chien et avertis.

7 - MON CHIEN

Le chiot bouge, joue, communique, donc c'est très important, que son maître lui offre des sorties, des jeux et surtout des interactions.

Sachez qu'entre douze et quatorze mois le chien fera certainement une crise d'adolescence et voudra se mesurer à son maître. Il faudra rester calme, ferme, et continuer à interagir. Cette phase dure deux ou trois mois.

Les moments des chaleurs demanderont de l'attention pour les mâles comme pour les femelles. Il est essentiel pour un particulier, d'avoir choisi un moyen de contraception (définitifs ou réversibles si vous souhaitez faire du concours ou proposer votre chien en saillie).

La majorité des problèmes de comportements canins viennent d'une éducation soit trop ferme, soit trop molle. Le chien ne recherche pas la tranquillité d'un emploi du temps répétitif, mais à participer à la vie de famille ou à travailler avec son maître, ou son éducateur. Cette caractéristique imposera une éducation avec des expositions variées à un maximum de situations différentes. Ce point est essentiel, le chien qui n'a pas été éduqué posera un jour ou l'autre des problèmes.

Avec un le chien une éducation à la « dure » en fera un chien craintif, car c'est un chien qui doit avoir une confiance absolue dans son maître, ils sont de nature craintive au départ. Si vous brisez la confiance, la relation sera irrémédiablement détruite. Avec le le chien une éducation à la dure donnera un chien agressif et souvent dangereux. Une éducation à la « cool » avec un le chien donnera un chien qui passera son temps à vous provoquer et à aboyer.

Le le chien est intelligent, vous avez tout intérêt à investir dans une éducation pointue.

8 - RÈGLES D'ÉDUCATION

Il ne faut jamais toucher un berger allemand pour le contraindre. J'entends par toucher, vouloir imposer à un chien une position. Nous n'utiliserons jamais de collier électronique ni de collier étrangleur. Vous ne corrigez pas un chien, c'est juste malsain et violent, vous devez dire « Non » fermement. Dès l'apprentissage je conseille d'utiliser un harnais de type professionnel. Tout simplement c'est plus aisé pour le chien et moins dangereux pour son cou. Il ne faut jamais crier. Le chien perçoit les ultrasons, donc il vous entend même si vous parlez à voix basse. Surtout la modulation de voix sera votre outil pédagogique. Vous devez vous forcer à parler normalement à votre berger allemand. Dans les cas d'extrême urgence seulement vous pourrez utiliser un ordre crié et ce sera l'objet d'une éducation ciblée. Si vous gâchez toutes vos munitions maintenant vous serez désarmés en cas de besoin extrême. Alors je vous conseille de parler bas, de répéter en montant un peu le ton et pas plus. Évidemment l le chien peut très bien ne pas obéir, voir se rebeller, mais nous avons d'autres tactiques. Si vous associez la voix, avec un geste et un son, vous aurez « TOUT BON » et apprenez à faire la tête et à détourner le regard si votre berger allemand n'écoute pas. Je ne t'aime plus et je ne m'occupe plus de toi, il a horreur de cette stratégie. Même un berger allemand avec un brevet de défense et qui a de multiples interventions à son actif. Je vous l'affirme. Rappelez-vous que je sanctionne sur l'action par un comportement proportionné (voix, geste, et je boude) puis je lève la punition après deux minutes.

Certains se disent que ce n'est pas possible, qu'il faut

crier, punir, enfermer, mettre des sacrées raclées… ne les écoutez pas… ils n'ont jamais eu à intervenir avec un berger allemand en zone de haut risque… ils sont juste ignorants et irresponsables. Et c'est malheureux, car leur chien n'interviendra jamais selon son instinct, car il sera dépendant et parfois même il aura peur de son maître : c'est la pire des situations. Le chiot et le chien sont deux réalités différentes, et nous devons parler d'apprentissage pour le chiot et d'éducation pour le chien. Bannissez le mot dressage. Vous a-t-on dressés quand vous étiez enfants ? Pendant le jeune âge, la psychologie du chiot est complètement différente. Le chiot réagit à des stimulations de façon différente du chien. Il faut souligner que la construction mentale d'un jeune chiot est comme une éponge prête à absorber des millions d'informations. Un chiot ne doit pas travailler plus d'une demi-heure d'affilée jusqu'à six mois, ensuite la charge augmente. Il faut commencer l'éducation du chiot tôt. Mais respectez cette règle, il faut travailler souvent, mais pas longtemps. Surtout le travail pour le chiot est basé sur le jeu et le plaisir. Aussi vous pouvez faire comme les professionnels et apprendre à moduler votre ton de voix, et utiliser une voix normale pour tous les ordres quotidiens et monter la voix pour les ordres plus complexes, et les enchaînements. La première règle est de récompenser un comportement attendu, et de faire comme si de rien n'était avec un comportement inadapté. La deuxième règle qu'il faut faire apprendre, faire répéter, puis faire associer les comportements attendus. La règle essentielle, c'est que l'apprentissage se fait toujours en utilisant le jeu et la friandise.

L'apprentissage se fait un utilisant le jeu, et surtout, la félicitation doit être le partage de la joie du maître et du chien.

9- LES JEUX

Le principe du jeu avec le chiot berger allemand, c'est que tout le monde gagne.

Tout ce qui compte c'est d'utiliser le jeu pour faire apprendre. Un comportement récompensé a tendance à se répéter et un comportement réprimandé à tendance à décroître avec le temps et parfois disparaître.

Le renforcement positif est la base de l'apprentissage. Gagner et perdre renforce votre obstination alors vous persistez et vous vous améliorez, et un jour vous devenez un champion. Seulement, il faut gagner de temps en temps, sinon vous serez frustrés et vous abandonnerez. Il faut laisser gagner berger allemand, et ainsi sa motivation suivra. Les jeux de traction sont anodins. Ils sont dérivés de la dispute pour un morceau de proie. C'est un jeu que le chien adore. C'est un jeu qui renforce le mordant, l'intensité de la prise en gueule. Si le chien essaye de vous mordre, le jeu de traction est immédiatement stoppé.

Les jeux de rapports d'objets sont fortement conseillés pour le chien. Vous lancez une balle. Le chien doit courir vers l'endroit où la balle est tombée. Ensuite vous lui apprendrez à rapporter la balle, puis à vous la donner et à aller la rechercher si vous la lancez à nouveau. Attention dès que votre berger allemand s'énerve ou se prend au jeu, stoppez immédiatement.

Un anneau flottant, remplacera la balle de tennis pour jouer au rapport d'objet en milieu aquatique. Le chien adore jouer dans l'eau, ne l'en privez pas, il sait nager.

10 - ÉDUCATION

Marche aux pieds avec la laisse

Quand un chien tire sur sa laisse, il se met aux avant-postes pour renifler un emplacement particulièrement apprécié, rejoindre un camarade de jeu, faire en fait quelque chose à sa convenance. Le maître doit refuser. Sinon tirer sur la laisse est récompensé par la réalisation de l'objectif. Votre rôle sera de ne pas céder, au contraire, soyez fermes pour que votre compagnon marche au pied avec la laisse. Il faut vous arrêter si le chien tire sur la laisse, puis attendre un peu et donner l'ordre « non ». Il n'est pas souhaitable de bloquer le chien avec sa jambe pour l'obliger à être à bonne hauteur. Chez le chien il est plus judicieux de changer de direction dès que vous sentez qu'il tire, de stopper et de dire « non ».

Assis, couché, debout

Une friandise aide à apprendre à s'asseoir, à se coucher et à se mettre debout.

Au début, vous dites l'ordre quand le chien entame la position souhaitée puis vous faites un geste adéquat par exemple main vers le haut pour le debout, vers le bas pour le coucher et horizontale pour l'ordre assis, enfin vous associez un son au clicker par exemple, un coup pour l'ordre assis, deux coups pour le coucher, un seul coup très long pour le debout. Vous terminez chaque exercice avec un signal de fin de cours (par exemple : va jouer). Et n'oubliez jamais la friandise (en fin d'exercice pour le chiot, en fin de séance pour le chien). Par contre la caresse c'est toujours, dès que c'est bien exécuté.

Prenez une friandise dans la main et tenez-la de manière à ce que le chien puisse la sentir et la lécher, mais pas la manger. Vous allez doucement déplacer la friandise de son museau vers le dessus de sa tête. Le chien va alors commencer à s'asseoir pour être plus à l'aise et suivre la friandise des yeux. Maintenant vous enchaînez l'ordre, le geste et le son. Dès que l'arrière-train touche le sol, donnez la friandise. Je déconseille, mais c'est possible d'apprendre d'abord avec l'ordre, puis avec l'ordre et le geste, puis avec l'ordre, le geste et le son. C'est moins bien pour le conditionnement.

Avec un berger allemand, il est impératif de travailler avec les trois systèmes de reconnaissance. Avec trois signaux différents vous éviterez la confusion, ce qui est essentiel pour un « stop » ou un « au pied ».

Travailler l'ordre « couché » :

Il ne faut pas travailler à partir de la position assise, c'est une hérésie qui gênera le conditionnement. Vous devez partir de l'ordre chien debout. Vous déplacez une friandise en partant devant le museau du chien et en allant vers le sol. Le chien suivra votre mouvement. Vous devez uniquement lui donner la friandise quand il est couché. Vous pouvez placer une friandise sous une chaise ou une table suffisamment basse pour que le chien se couche pour manger la friandise.

Souvenez-vous au début il ne faut pas donner l'ordre tant que le chien s'apprête à prendre la position souhaitée.

Travailler l'ordre « debout » :

Le chien est au coucher, vous tenez une friandise devant le museau et vous éloignez lentement votre main en suivant une ligne parallèle au sol et dès que le chien lève les pattes arrière pour se mettre debout, à ce moment-là vous offrez la friandise.

Mettez le chien à l'ordre « assis », tenez une friandise en mains, attendez dès que le chien commence à bouger donnez l'ordre « pas bougé » et offrez la friandise.
Au fil du temps, votre chien gagnera en assurance et respectera de plus en plus longtemps la position « pas bouger ». Vous devrez alors faire l'exercice en vous éloignant progressivement de votre berger allemand.
Commencez par vous éloigner d'un mètre, puis vous donnez l'ordre et vous récompenser.
Avant d'augmenter la distance, il faut vous assurer que le chien ne bouge pas sur l'exercice.
Ensuite il faudra vous cacher et laisser le chien sur place avec l'ordre « pas bougé ».
Il ne faut pas chercher l'échec, il faut patiemment ancrer les distances pour en faire accepter de nouvelles.

Le chien doit apprendre que l'ordre ne signifie pas qu'il doit prendre la position demandée en étant près de vous, mais il doit prendre la position là où il se trouve et au moment où vous la lui demandez. L'importance de la coordination du mot, du geste et d'un son, devient essentielle.
Attachez votre chien à un arbre et éloignez-vous de 2 m et vous donnez l'ordre « Assis ». Rejoignez le chien et récompensez-le. Au futur et à mesure vous augmenterez progressivement la distance vous séparant du chien. Si besoin vous repartez de la distance précédente. Avant d'augmenter la distance, il faut vous assurer que le chien ne bouge pas sur l'exercice. Il ne

faut pas chercher l'échec, il faut patiemment ancrer les distances pour en faire accepter de nouvelles. Maintenant vous recommencez le travail avec le chien sans laisse (attention il faut être en endroit clos).

Dans le travail à distance sur les positions de base, nous incluons l'arrêt sur l'ordre « stop ». Vous marchez, et vous donnez à votre berger allemand l'ordre « assis » suivi de l'ordre « pas bougé », et vous faites deux pas puis vous donnez l'ordre « au pied ». Au futur et à mesure, vous augmenterez progressivement la distance. Dans un deuxième exercice, vous demanderez à votre chien de rester « debout » et vous continuerez à marcher en rajoutant l'ordre « pas bouger ». N'oubliez jamais de féliciter et de récompenser. Au fur et à mesure des exercices il n'y aura que la félicitation, la récompense sera donnée en fin de séance.

Au pied : L'ordre « au pied » est essentiel, il a déjà été travaillé juste avant, mais nous allons l'ancrer. Dans de nombreuses situations lorsque vous vous promenez, il s'agira de rappeler le chien, mais aussi de l'habituer à marcher au pied près de vous. Vous devez apprendre à votre chien la marche côté droit. En ville, le chien doit marcher côté intérieur (boutiques).

Pour la marche au pied sans laisse. Vous débutez avec une marche aux pieds avec la laisse et vous décrochez la laisse en laissant une main sur le dos du chien. Offrez la friandise. Maintenant vous donnez l'ordre « marche au pied », le chien suit à vos pieds. Vous donnez la friandise tous les dix mètres, puis vous espacez les friandises. Vous devrez augmenter progressivement la durée pendant laquelle le chien marche à vos côtés sans laisse pour que le chien reste concentré donnez l'ordre « au pied » régulièrement.

Faites preuve de patience, il faut absolument obtenir la collaboration de l'animal. Si vous réalisez cet exercice avec la laisse il y a de fortes chances pour que vous ne

puissiez jamais le réaliser le chien en liberté sans laisse.
L'ordre « au pied », doit se travailler lors de toutes les sorties. Dès le départ de votre balade, lorsque vous décidez d'enlever la laisse, vous demanderez plusieurs fois l'ordre « au pied ». La récompense sera de pouvoir laisser le chien se balader un moment librement. Bien entendu, le chien doit rester sous votre contrôle notamment s'il y a un manque de visibilité, s'il y a le moindre risque et si vous croisez d'autres promeneurs avec ou sans chien. La règle est de mettre votre chien au pied puis en laisse dès que vous croisez d'autres personnes avec ou sans chien. Si le chien déroge à la règle de rappel au pied il doit être immédiatement mis en laisse pour une période d'au moins de 10 minutes. Au bout de cette période, vous refaites un test, si le chien déroge à la règle du rappel au pied, le reste de la balade se fera en laisse.

L'ordre non :

« Non » est un ordre signifiant « tu peux abandonner tout de suite, je te l'interdis ». Une éducation digne de ce nom et qui vise à avoir un chien facile à vivre suppose que vous consacriez du temps à cet ordre. Bien entendu, vous pouvez choisir un autre mot que « non », l'important sera d'y associer un geste et un signal sonore. Pour le geste et le signal sonore, il vous faut faire très attention à éviter toute confusion involontaire avec un autre ordre.
Pour le premier exercice, munissez-vous d'une récompense, tenez votre chien en laisse, placez la récompense de manière à ce que l'animal puisse la voir et la sentir, mais pas l'atteindre. Au moment où le chien tire sur la laisse pour tenter d'attraper la récompense, vous donnez l'ordre « non », une seule fois. Ensuite, vous restez silencieux. À cet instant le chien va-t-il

essayer de désobéir ? Vous devez alors absolument rester sur place et ne pas cédez il faut rester silencieux et détourner le regard. Le chien va avoir l'envie de désobéir. La tentation augmentera et l'exercice sera intéressant. Vous devez répéter l'ordre « non » au bout d'une minute. Puis vous augmenterez le temps.

Pendant vos promenades, vous devez régulièrement en fonction de l'attitude du chien vérifier la compréhension de l'ordre « non » lors de son éducation, l'ordre « non » indique au chien l'interdiction. Il y a des interdictions directes et des interdictions qui doivent être intégrées par le chien même sans votre présence, notamment le refus d'appât, et ne pas se jeter sur le grillage quand il y a un passant, c'est très aisé à apprendre à un berger allemand. Sur le chemin de la promenade, vous placez avant la balade de la nourriture sous une pierre ou un morceau de bois de façon à ce qu'elle soit à portée de l'animal, le chien découvrira la nourriture cachée. À cet instant vous utiliserez l'ordre « non ». Au plus vous entraînerez le chien au mieux il réagira au signal de l'ordre « non ». Soyez néanmoins attentifs : de ne pas utiliser le signal s'il est déjà trop tard et que le chien a touché à la nourriture, dans ce cas la réprimande est par la voix de façon ferme et nette « non », mettez-le en laisse et ne parlez plus au chien pendant dix minutes.

L'ordre donne :

Apprendre à un berger allemand à donner un objet sur votre ordre s'avérera utile et indispensable en cas d'urgence. Des exercices basés sur l'échange constituent le fondement de cet exercice, évitant ainsi tout esprit d'obligations. Pour le réaliser, vous avez besoin d'haltères en bois, d'une part parce que c'est l'objet utilisé en sport canin d'autre part par ce que le chien ne peut pas avaler ce type d'objets. Au départ de l'apprentissage, vous utiliserez une balle ajourée dans laquelle vous glisserez une friandise. Vous lancez la balle. Vous donnez l'ordre : « va chercher ». Le chien ne peut pas prendre la friandise, il vous ramène la balle. Vous donnez l'ordre : « donne » et vous lui offrez la friandise. Le plus important sera de ne pas brûler les étapes, de faire l'exercice une ou deux fois.

Un chien sur ordre qui fait demi-tour sans hésitation alors qu'il est fortement distrait par l'environnement et qui revient rapidement vers son maître a un excellent rappel. C'est seulement dans ces conditions que vous pourrez lâcher votre chien. Le principe fondamental du rappel est de ne rappeler le chien que si vous êtes sûr qu'il viendra. Pour obtenir ce résultat avec un berger allemand, il faut commencer par apprendre l'ordre « au pied » et le chien à moins de 2 m de vous vous donnez l'ordre « au pied ». Le rappel ne doit laisser aucune place à une prise de décision du chien, il doit induire uniquement une réaction immédiate. Il ne faut pas vous attarder sur le fait de savoir si votre chien va obéir. Vous devez répéter chaque jour, et savoir que ce n'est jamais acquis. Lors des ballades, vous devez tester votre chien. C'est négatif vous mettez le chien laisse. Un berger allemand respectera vite le code : la liberté est en échange du rappel immédiat.

Le secret du rappel est de travailler quotidiennement et d'avoir trois signaux à sa disposition (par exemple un coup de sifflet, et la main à la verticale en plus de l'ordre au pied). Votre chien devra savoir clairement ce que signifie l'ordre « au pied ».

L'ordre « Stop », et l'ordre « au pied » doivent être travaillés séparément. L'ordre au pied concerne le rappel. L'ordre stop est une demande d'arrêt immédiat en cas d'urgence avec l'arrêt du chien à l'endroit où il se trouve. L'ordre « stop » doit être travaillé après la maîtrise de l'ordre « au pied ». Lors d'une promenade, vous changez de direction et vous observez votre chien du coin de l'œil et vous donnez l'ordre « stop ».

Le rappel et le stop doivent être travaillés à chaque sortie et plusieurs fois lors de la sortie, mais à tour de rôle. Il ne faut pas enchaîner les ordres, mais au contraire les intégrés au quotidien du chien. Au fur et à mesure vous vous apercevrez que le chien revient comme un éclair, il est entré dans le jeu, à ce moment-là il faudra fortement le récompenser, car vous avez gagné et le lien de confiance est total.

Le risque zéro n'existe pas, il y aura toujours quelques désobéissances, même pour un chien comme le vôtre qui est au TOP. Lorsque des chiens se rencontrent, le meilleur moyen de désamorcer une situation tendue consiste à poursuivre sa route rapidement et de manière décontractée. Si vous restez sur place, vous favorisez le début d'une dispute toujours possible. Si les chiens en arrivent à cette extrémité, les deux propriétaires doivent s'éloigner l'un de l'autre dans des directions opposées ; il s'agit de la méthode la plus facile pour mettre un terme à l'agressivité. Cette option n'est possible que lorsque les deux propriétaires sont conscients de l'obéissance de leurs animaux.

Une règle absolue et qu'un chien qui en provoque un autre est immédiatement stoppé par son maître.

11 - L'HYGIÈNE DU CHIEN

Même si le chien est un chien robuste qui jouit généralement d'une bonne santé. La race n'est pas épargnée par la dysplasie, et il faut une portée dont les reproducteurs auront été dépistés par radiographie. L'on ne connaît pas d'affection spécifique au berger allemand, hormis celles qui concernent tous les grands chiens.

Le chien a poil court, n'exige pas de grandes séances de toilettage. Un bon brossage régulier pour éliminer le poil mort et un brossage plus en profondeur en période de mue sont suffisants. Par contre le poil long exige un brossage quotidien.

Ses oreilles et ses yeux ne demandent pas de soin plus particulier que d'autres chiens néanmoins un entretien par un nettoyage est nécessaire.

le chien a besoin d'explorer plusieurs territoires. Qu'il vive en appartement ou en maison, il ne peut se contenter d'une simple sortie de 10 minutes ou de rester bloquer dans un jardin. Il lui faut donc une promenade quotidienne.

Les oreilles : vérifiez régulièrement la propreté des oreilles de votre chien. En cas de besoin il faut les nettoyer avec une lotion adaptée (vous les trouverez chez votre vétérinaire, en pharmacie ou en animalerie) en utilisant une compresse ou du coton. N'utilisez jamais de coton-tige, vous pourriez blesser votre chien en cas de mouvement brusque de sa part et de toute façon vous ne feriez que tasser les saletés dans le fond du conduit.

Les yeux : nettoyez-les régulièrement avec une lotion

spéciale. Tout écoulement anormal doit être immédiatement signalé à votre vétérinaire.

Les dents : surveillez attentivement l'état d'entartrage des dents. Le tartre est responsable de problèmes graves tels que le déchaussement précoce, la mauvaise haleine, les abcès dentaires…

Pendant la croissance de votre chien, vérifiez régulièrement sa dentition : ses dents de lait vont tomber lorsqu'il aura environ 4 mois. Cela peut passer de façon inaperçue, car il va en avaler une grosse partie. En cas de doute sur le changement de dents de votre chiot, demandez conseil à votre vétérinaire.

Les griffes : en principe elles doivent s'user régulièrement avec la marche sur sol dur.

Bain : vous pouvez baigner votre chiot 8 jours après le premier rappel de vaccins. Utilisez toujours un shampooing spécial chien (animalerie et pharmacie) et prenez soin de bien le sécher après (attention au sèche-cheveux qui peut lui brûler la peau si vous le mettez trop près), idéalement, l'eau du bain doit être tiède. N'abusez pas des bains.

Beaucoup de gens pensent que les chiens de berger sont plus sujets que d'autres à la dysplasie de la hanche. En réalité cette malformation génétique peut toucher presque tous les chiens de taille moyenne ou de grande taille. Les Clubs ont été les premiers à lancer l'alarme : cela a provoqué une panique.

Même si la veille a été lancée grâce à eux, encore une fois elle concerne tous les chiens de grandes de tailles. La dysplasie de la hanche est une malformation ou déformation résultant d'une anomalie du développement d'un tissu ou d'un organe.

Aujourd'hui, les meilleurs éleveurs n'utilisent pour la reproduction que des sujets non touchés par la dysplasie et classés A pour la reproduction. Des radios sont réalisées sur les reproducteurs en âge adulte pour faire de la prévention. Le chien ne sera pas reproducteur s'il en est atteint. Il existe un syndrome de dilatation torsion gastrique auquel vous devez faire attention. C'est le retournement de l'estomac. Il arrive si le chien se met à l'effort après avoir mangé. Je ne suis pas un fan de la nourriture en fin de journée, avant de dormir. Mais c'est une solution.

Je nourris mes chiens, en début de matinée et j'attends la digestion.

Pensez à administrer un traitement anti-puces et tiques pendant les saisons chaudes ainsi qu'un vermifuge deux fois par an et ne pas oublier la visite annuelle chez le vétérinaire pour son rappel de vaccin.

Attention le carnet de santé et le suivi médical sont obligatoires. En fonction des régions et des risques, votre vétérinaire vous conseillera, d'autres vaccins peuvent s'avérer nécessaires ainsi que d'autres protections en fonction des régions.

Une alimentation sous forme de croquettes de bonne qualité est recommandée afin de respecter les besoins nutritionnels du chien. Si possible faites confiance à votre vétérinaire, car une bonne alimentation est indispensable.

Pour prendre soin de votre chien, il faut vous équiper avec : ciseaux, pince à épiler, seringue antivenin, coupe griffe, attelle, canne télescopique. Attention, vous n'êtes pas vétérinaires. Il est utile de prévoir quelques médicaments chez soi et en déplacement pour assurer soins et gestes de première urgence.

Il faut : des compresses, du désinfectant, du sparadrap, des bandes, du savon de Marseille, un sérum physiologique pour les yeux, une crème antibiotique pour les plaies, de l'éther pour les tiques, un pansement intestinal pour les diarrhées. Vous faites de la randonnée, vous partez sur une nationale, organisée par la SCC ou par votre club. Vous voyagez en camping-car.

Vous partez dans un gîte isolé. Alors vous devez rajouter : une boîte d'antibiotiques pour éviter les allergies, un anti-vomitif, une protection contre les puces, un vermifuge, une crème contre la maladie de la gale pour les oreilles et une crème anti-aoûtats.

Vous pouvez également constituer une pharmacie médicale en cas de troubles légers ou pour prendre les premières mesures d'urgence sachant qu'il vous faut consulter pour des symptômes qui durent. Voici les produits en fonction des différentes affections.

Pour les problèmes de peau il y a les antiseptiques représentés par l'alcool, la Bétadine, l'alcool iodé, le bleu de méthylène, l'eau oxygénée, l'éther ou la solution de Dakin. Attention Ces produits sont souvent irritants en solution pure. La dilution dépend du produit et de son utilisation ponctuelle. Le savon de Marseille est l'antiseptique le plus simple qui, utilisé correctement, est très efficace pour la désinfection des plaies diverses.

Une plaie infectée doit être savonnée, rincée à grande eau. On applique ensuite des antiseptiques, de l'alcool ou de la teinture d'iode. L'eau oxygénée est très utile pour rendre une plaie propre. Elle permet, en effet, d'ôter toutes les traces de sang. Les sprays antibiotiques s'utilisent pour éviter les infections locales.

Pour tous les autres problèmes de peau, il vous faudra un produit contre la gale à base de Lindane, un produit antimycosique pour la teigne en spray et en comprimés. Une lotion anti-inflammatoire vous permettra de lutter contre les allergies et eczémas divers.

Pour les troubles digestifs, sachez que la diarrhée est fréquente chez les chiens. Il est indispensable que votre pharmacie comporte un pansement gastrique sous forme de poudre ou de gel. Un antispasmodique pour lutter contre les mouvements de l'intestin. Un antibiotique agissant sur les germes digestifs. Pour la constipation, de l'huile de paraffine sera parfaite.

Pour les infections les antibiotiques sont obligatoires pour pallier toute infection. Attention une ordonnance doit toujours les accompagner. Concertez-vous avec votre vétérinaire en lui expliquant que vous vous déplacez souvent même le week-end et qu'il n'est pas aisé de trouver des urgences pour chien un dimanche après-midi par exemple.

Vous déterminerez avec votre vétérinaire la liste d'antibiotiques en fonction de votre chien.

Il est essentiel de choisir un bon élevage, qui évite les croisements consanguins et pratique une sélection rigoureuse des reproducteurs et qui vous fournira les conclusions des radios des hanches des reproducteurs.

12 - À TABLE

Comme tous les grands sportifs, le chien a besoin d'une alimentation adaptée. En période d'entraînement et de concours, le chien doit bénéficier d'apports plus importants en protéines et en glucides. Les premières permettent de fournir des efforts importants, les secondes favorisent la pratique de l'exercice sur la durée. En dehors des périodes d'activité, le chien peut être nourri avec une alimentation industrielle, sèche ou humide. Un grand bol d'eau fraîche doit rester en permanence à sa disposition.

Son alimentation devra être de bonne qualité, hautement digestible et distribuée si possible en deux fractions. Tous les grands chiens, peuvent être sujet aux torsions-dilatations d'estomac, il faut donc éviter les rations trop importantes et les efforts ou coup de stress juste avant ou après un repas.

Pour les chiens de travail, il faudra porter une attention particulière à ses articulations. Un bon échauffement est indispensable avant la pratique d'un sport. Volontaire et énergique, il a du mal à s'économiser lui-même, il faut donc le faire à sa place. **C'est d'autant plus important durant sa croissance où il faudra éviter les excès d'activités.**

Privilégier la qualité de nourriture c'est profiter d'un chien en bonne santé.

Vous devez nourrir votre chiot au début 2 fois par jour. Si le repas n'est pas consommé en vingt minutes, retirer la gamelle et refuser le grignotage entre les repas.

Ne tolérez jamais le museau du chien à hauteur de votre assiette (hygiène) ni le vol de nourriture sur la table : sanctionner si on prend le chien sur le fait en lui parlant sur un ton ferme « **NON** ».

Beaucoup de chiens manifestent des problèmes récurrents d'embonpoint. Il est essentiel d'adapter un régime alimentaire aux habitudes de vie. J'ai quatre chiens et j'avoue que j'ai quatre types de croquettes et deux fois semaines je donne du frais. Mais cela est personnel.

L'alimentation industrielle met à la disposition des possesseurs de chiens des spécialités adaptées au poids, à la taille et à l'âge du chien. Elle propose également des aliments correspondant au niveau d'activité physique de chaque chien et à son état de santé.

La ration du chien doit être distribuée aux mêmes heures et au même endroit en le faisant manger seul dans un lieu isolé et calme de la maison, et toujours après ses maîtres.

L'eau est très importante, elle doit toujours être disponible. En cas de consommation excessive il faut consulter son vétérinaire.

Il existe principalement trois types d'alimentations, l'alimentation industrielle sèche, l'alimentation industrielle humide et l'alimentation "maison". Nous allons vous décrire ces alimentations en exposant leurs avantages et leurs faiblesses.

Sachez toutefois qu'il n'est pas recommandé de changer brutalement la nourriture d'un chien.

Il est convenu de l'habituer sous une période de 8 jours en mélangeant les deux types d'aliments.

On appelle alimentation industrielle sèche, l'alimentation à base de croquettes. La croquette est une boulette de pâte, de riz, de viande, de poisson, de légumes et de frite. C'est un aliment déshydraté qui demande une consommation d'eau importante. Il existe des croquettes pour tous les types de chiens selon leur morphologie. Au dos du paquet vous trouverez la ration à donner quotidiennement à votre chien. Les besoins quotidiens nécessaires à un chien adulte en activité sont totalement apportés par les croquettes. Elles garantissent une alimentation saine et équilibrée au chien en fournissant des nutriments préparés par des nutritionnistes vétérinaires et des spécialistes de l'alimentation canine.

Certains chiens n'apprécient pas les croquettes et refusent de les manger, car ils ne les trouvent pas appétissantes. Si votre chien a goûté à un autre type d'aliments, il est possible qu'il délaisse sa gamelle en réclamant sa nourriture favorite. Vous pouvez mélanger les croquettes à de la viande ou les compléter par des aliments industriels humides afin de leur donner meilleur goût.

Les croquettes sont également un moyen important de lutter contre le dépôt de tartre grâce à leur effet abrasif. Les croquettes sont recommandées par les éleveurs et les vétérinaires.

L'alimentation à base de viande crue BARF signifie en anglais "Biologically Appropriate Raw Food" ce qui veut dire en français "Nourriture crue biologiquement appropriée". Le régime alimentaire BARF est une approche naturelle de l'alimentation du chien. Dans cette optique, le choix des aliments s'appuie sur le respect de la physiologie propre à l'animal. Le chien étant un carnivore, il convient de lui proposer une alimentation de carnivore, à base majoritairement de viande, d'os crus et d'abats. Ce type d'alimentation s'appuie notamment sur l'idée que les choix alimentaires des animaux sauvages sont guidés par leurs besoins biologiques. Dans la nature, les animaux choisissent instinctivement le régime le mieux adapté à leur métabolisme, choix que les animaux domestiques carnivores n'ont plus la possibilité de faire, tout simplement parce que c'est l'être humain qui subvient à leurs besoins quotidiens.

On appelle alimentation industrielle humide, la nourriture fournie dans les "boîtes" achetées dans les grandes surfaces. Les besoins quotidiens nécessaires à un chien adulte en activité sont totalement apportés par ce type d'alimentation. La garniture des boîtes est réalisée par des spécialistes de la nutrition canine qui garantissent grâce à leur produit une alimentation saine et équilibrée pour le chien. Les boites doivent être maintenues au froid sous peine d'intoxication alimentaire Le prix de revient des boites est deux fois plus élevé que les croquettes

On appelle alimentation "maison", l'alimentation réalisée par vos soins. Il est indispensable de fournir au chien des aliments frais et de qualité. En dépit de l'amour des maîtres porté à leur bête, bien fréquemment la nourriture préparée est carencée en minéraux et vitamines. À l'inverse des croquettes et des boîtes, la quantité fournie est un réel problème, car souvent le propriétaire verse une quantité approximative changeante d'un jour à l'autre ce qui est source d'obésité.

Les animaux comme les hommes ont besoin d'une alimentation équilibrée et saine afin d'être en bonne santé. Contrairement à ce qu'il est fréquemment pensé, ce type d'alimentation est plus coûteux que l'alimentation industrielle et nécessite une attention particulière.

Pourquoi certains chiens se montrent-ils si difficiles, boudant la nourriture que leur maître leur présente alors que d'autres avalent tout d'un simple coup de langue ? Tout comme chez les humains, nous trouvons de gros et de petits mangeurs chez nos compagnons à quatre pattes. Il semble que l'attrait face à la nourriture soit, en partie tout au moins, sous influence génétique. On sait également qu'au moment du sevrage et jusqu'à la fin du troisième mois, il existe une phase sensible au cours de laquelle les chiots subissent toutes sortes d'influences et apprennent notamment à sélectionner dans leur environnement ce qui est comestible.

Un tel conditionnement évite à l'animal d'ingérer des choses qui pourraient lui être nuisibles. Ce phénomène peut expliquer qu'un chien refuse une nourriture qu'il n'a pas eu le loisir de goûter dans son jeune âge.

En conclusion, les croquettes sont à préférer aux aliments humides et à une ration que vous pourriez cuisiner vous-même. En effet, les aliments humides présentent de nombreux désavantages, notamment concernant la santé dentaire de votre ami. De surcroît, il est difficile de cuisiner un repas respectant parfaitement les besoins nutritionnels du chien. Les aliments ne doivent en aucun cas être distribués à volonté. Consommés sans modération, ils peuvent en effet provoquer troubles digestifs et obésité.

Il est également proscrit un supplément en minéraux à un chiot qui reçoit un aliment équilibré. Cela pourrait nuire à sa santé et provoquer notamment des malformations osseuses. Enfin, il est inutile et même nuisible de varier l'alimentation de votre chiot.

Néanmoins, si un changement est nécessaire, il doit se faire progressivement sous peine de voir apparaître des troubles gastro-intestinaux.

Devant un refus soudain et prolongé de nourriture, je ne parle pas de comportement passager, une visite chez le vétérinaire s'impose.

Si aucune maladie n'est détectée, il faut chercher une autre cause. Le chien est un être sensible. Un changement de milieu, la perte d'un compagnon humain ou animal peuvent l'inciter à jeûner quelques jours. Je vous conseille d'accepter cette diète et ne pas paniquer. Si cela dure alors, le vétérinaire sera de nouveau consulté, et il faudra insister auprès de lui.

Certains chiens mangent des choses non comestibles

comme de la terre, des pierres, du bois, du plastique, de poteries, voire des chaussettes, etc.., on a également retrouvé de tels objets dans les estomacs des loups italiens du début du XXe siècle.

Ce comportement, appelé Pica, semble être influencé par la génétique puisqu'on le retrouve plus spécifiquement dans certaines lignées que dans d'autres. Il n'y a pas de déficit nutritionnel chez ces sujets.

Le chien peut agir ainsi pour diverses raisons : par ennui, car il vit mal un changement, car il est en deuil. Mais souvent aussi pour attirer l'attention de ses maîtres.

Si votre chien ingère des crottes, celles d'autres chiens ou celles d'autres espèces animales, c'est parce que, pour lui, elles sont appétissantes ; c'est notamment le cas si elles contiennent de la nourriture non correctement digérée. Dire seulement « NON » fermement.

Concernant l'ingestion de ses propres crottes, malheureusement il peut s'agir d'un chien ayant été sévèrement puni pour les avoir faites dans un lieu inapproprié. Et quelqu'un a oublié la règle de base du chapitre éducation sur le sujet « faite comme si de rien n'était ».

Comment leur faire passer de si vilaines habitudes ? Saupoudrer ce qu'il a l'habitude d'ingérer d'une substance forte (par exemple du paprika). Détourner son attention en jetant une bouteille avec des cailloux ou en faisant du bruit, et surtout récompenser s'il laisse.

Mais, si votre chien ronge des bouts de bois et ingère ainsi des fibres pas forcément très digestes, çà ne mérite même pas d'y faire attention !

En ce qui concerne l'obésité, diverses enquêtes approfondies montrent que dans un grand nombre de cas, elle va de pair avec de mauvaises habitudes alimentaires et de la nourriture de mauvaise qualité.

Le chien obèse ne doit pas être surprotégé : pas de

sentiments humains. On diminue les quantités, on passe en croquettes pour chien obèse, on fait plus de sport. Éventuellement on associe des diètes.

Le plaisir de manger est lié à une perception subjective et personnelle des saveurs des aliments. Le goût a pour siège les papilles gustatives, petites saillies se trouvant dans la région postérieure de la langue et contenant des cellules sensorielles. Ces dernières réagissent à différentes substances chimiques et transmettent les informations reçues à des neurones reliés à l'encéphale. Les papilles gustatives se trouvent en moins grand nombre chez les chiens que chez les humains (environ 2 000 chez les premiers contre 10 000 chez les seconds). Bien qu'elles puissent différencier les substances sucrées, salées, acides et amères, elles le font aussi d'une manière beaucoup moins précise. De ce fait, nos chiens sont nettement moins gourmets que nous.

L'odorat est associé si étroitement au goût qu'il est difficile de savoir lequel des deux primes quand il s'agit de préférence alimentaire, une bonne odeur de cuisson nous donne déjà faim !

En ce qui concerne, nos chiens préférés la différenciation est d'autant plus difficile à faire que ceux-ci ont une sensibilité olfactive nettement plus fine que nous (vis-à-vis des chiens, nous sommes, pauvres humains, des handicapés de l'odorat).

Différentes recherches ont néanmoins permis d'en savoir un peu plus : si pour les chiens l'odorat semble primordial pour la détection de la nourriture, l'odeur dégagée n'est pas le seul critère de choix, la texture et le goût de cette dernière y jouent également un rôle non négligeable.

Notre chien peut être nourri par une nourriture sentant la viande, mais n'en contenant pas, ou un mixte au trois-quarts légumes et un quart de viande.

Vous croyez qu'il va vite se rendre compte de son

erreur ! Essayé. Pour moi cela marche, avec mes croquettes bios.

13- LA SEXUALITÉ

La maturité sexuelle du chien se produit autour du septième mois chez le mâle, et entre sept et dix mois chez la femelle. Mais votre chien peut manifester des désirs sexuels dès l'âge de sept semaines, sous forme de jeux où l'accouplement est simulé. La femelle connaît des périodes de chaleurs ou œstrales, en général, tous les six mois. Il arrive que cet intervalle varie entre 4 et 8 mois. Ces périodes se produisent au printemps et à l'automne ; elles correspondent à l'ovulation et dure de 15 à 20 jours. La fécondation peut se produire entre le septième et le quatorzième jour. L'urine contient alors des phérormones qui attirent les mâles. La chienne a des segments généralement appelés menstruations, bien que le terme exact soit diapédèse. Il s'agit de globules rouges qui traversent la paroi. Si un mâle montre de l'intérêt, la chienne fera savoir son contentement en plaçant sa queue de côté, pour présenter son vagin.
Lors de copulation, un bulbe sur le pénis du chien se gorgera de sang. Le chien ne pourra se séparer de la femelle tant qu'il ne se désengorgera pas, cela peut prendre de 15 à 20 minutes. Attention, il est très important de ne pas tenter de séparation sous aucun prétexte cela risquerait de déchirer le vagin de la femelle.
Si vous voulez faire s'accoupler deux chiens, il est préférable d'emmener la femelle chez le mâle, car ce dernier peut refuser de copuler en territoire inconnu ou s'il a peur. Il est à noter que le mâle est le seul à posséder un os dans le pénis, appeler os pénien. Il arrive qu'il y ait des cas d'homosexualité chez le mâle. Ce comportement est dû à une frustration sexuelle. Cette

frustration peut provoquer de l'agressivité et des fugues. Chez la femelle, les fugues sont un peu plus rares, mais elle peut devenir surexcitée.

De nombreuses personnes ont aujourd'hui encore du mal à prendre la décision de faire stériliser leur chienne. Pourtant, si vous ne désirez pas faire un élevage, c'est la meilleure solution pour éviter à votre animal de nombreux problèmes de santé.

Il ne faut pas considérer la stérilisation comme une mutilation qui rendra votre animal malheureux. Il faut savoir que le comportement d'une chienne dépend surtout de son instinct et de ses hormones. Les chaleurs apparaissent environ deux fois par an, et durent en général 3 semaines. Hormis ces deux périodes de l'année, sachez que votre chienne n'a nulle envie de se reproduire et, contrairement aux idées reçues, elle n'a pas besoin d'avoir été au moins une fois en relation avec un mâle pour être équilibrée.

Il faut savoir que la contraception par piqûres ou par comprimés n'est pas la solution optimale, mais est une bonne approche.

Le traitement va supprimer les chaleurs, mais n'aura aucun effet sur les autres problèmes hormonaux, dus à la présence des ovaires, et qui peuvent entraîner parfois des maladies. Mais dans la nature la louve n'est pas stérilisée. Pour moi le problème est surtout de ne pas faire l'apprenti éleveur.

La stérilisation chirurgicale a pour but l'ablation des ovaires, avec ou sans l'utérus. Cette opération est très commune et pratiquée par tous les vétérinaires. Certains vétérinaires conseillent de faire stériliser la chienne entre les premières et deuxièmes chaleurs. Chez les Staff entre quinze et dix-huit mois, c'est bien, mais prenez conseil auprès de votre vétérinaire.

Vous pouvez également opter pour la ligature des trompes. Mais sachez que cette intervention ne supprime pas les chaleurs. Votre chienne ne pourra simplement pas avoir de petits.

La stérilisation augmente les risques de prise de poids. Il est très important de surveiller l'alimentation de la chienne pendant les 3 mois qui suivent l'opération et de lui faire faire de l'exercice. Sachez enfin qu'une chienne stérilisée aurait tendance à vivre plus longtemps qu'une chienne entière, car elle aurait moins de risques potentiels de santé. Je ne sais pas, discutez-en avec votre vétérinaire et prenez plusieurs avis.

Aujourd'hui encore, de nombreuses personnes ne veulent pas castrer leur chien, par crainte que l'animal soit malheureux. Il faut savoir que le comportement du chien dépend surtout de son instinct et de ses hormones, et qu'il ne sera pas malheureux s'il est castré. S'il n'est jamais en présence d'une femelle en chaleur, un chien n'éprouvera pas le besoin de se reproduire. Ainsi, la castration, contrairement aux idées reçues, ne vient pas perturber l'équilibre général d'un chien.

La situation est au contraire plus compliquée s'il est stimulé par la présence de femelles, mais qu'il n'y a pas de contact physique. Le chien sera alors surexcité et il faudra avoir recours à un traitement hormonal pour le calmer. De plus, sachez que les risques pour la santé de votre animal seraient plus nombreux s'il n'est pas castré. Mais dans la nature le loup n'est pas castré.

La castration se fait vers l'âge de 10 ou 12 mois, avant la puberté.

Les problèmes de santé rencontrés chez les chiens non castrés seraient essentiellement concentrés autour des testicules et de la prostate :

Un chien non castré devient fugueur en période de chaleurs et souvent surexcitée. En présence d'une femelle en chaleur, il n'écoutera que son instinct sexuel et ignorera vos rappels à l'ordre. Il faut donc en être averti, et au moins utiliser la castration médicamenteuse en étant prévenant dans les deux périodes à risque.

La vasectomie est une ligature des canaux spermatique le chien reste capable de saillir.

À titre personnel, je suis surpris du discours des comportementalistes canins qui sont en même temps vétérinaires et prônent la satisfaction des besoins primaires du chien, mais veulent la contraception irréversible. Avouons que l'acte chirurgical qui rapporte entre 200 et 300 euros reste la contraception.

À titre personnel je pratique la contraception réversible avec mes chiens et une veille attentive lors des moments du Printemps et l'automne.

Pour mes femelles. La stérilisation temporaire e et réversible fait appel à des hormones de synthèse empêchant la survenue de l'ovulation, mais aussi des chaleurs. Les molécules utilisées sont en général des dérivés de synthèse de la progestérone (progestagènes ou progestatifs). Il faut les utiliser en anoestrus, pour retarder l'apparition de l'oestrus ou en début de pro oestrus, pour interrompre les chaleurs. Les progestagènes exercent une action hormonale qui va aboutir au blocage de la maturation des follicules et de l'ovulation. L'emploi de progestatifs étant accompagné d'un certain nombre de complications, il conviendra, avant de les utiliser pour la contraception, d'avoir une bonne connaissance du cycle oestral de la chienne, et de faire réaliser examen médical préliminaire par un vétérinaire pour détecter une pathologie qui constitue une contre-indication à l'utilisation de ces molécules. Il conviendra d'être prudent quant à l'utilisation des progestatifs surtout chez les lévriers.

Pour mes mâles je recours à la castration chimique avec implant de Desloreline sous le nom de Suprelorin. Ce dernier libère des hormones en continu qui castrent chimiquement le chien pendant environ 12 mois. La stérilité est effective dans les 4 à 6 semaines après l'implantation. Les effets sont complètement réversibles L'implant s'injecte sous la peau sans anesthésie générale et ne gêne en aucun cas l'animal. Plusieurs implants peuvent être injectés à la suite.

Je ne suis pas vétérinaire, donc j'invite le lecteur à comprendre que je partage mon expérience. Il faut lire, s'instruire, échanger sur ce sujet, car une contraception définitive est un choix important.

Je précise enfin que j'ai des chiens sélectionnés, qui sont LOF, qui ont passé le CSAU et/ou TAN avec mention excellente, qui sont entraînés aux sports canins divers et qui concourent en classe beauté deux à trois pas an.

Je ne fais pas d'élevage, mais j'accepte en fonction des femelles ou mâles qui me sont indiqués des reproductions. Seulement cela m'impose de faire les radiographies et les tests ADN. Je trouve dommage si les chiens sont magnifiques, en conformité au standard, et équilibrés psychiquement, de ne pas participer au maintien de la race. Mais si vous ne souhaitez pas vous plier aux contraintes médicales imposées aux reproducteurs, alors choisissez la contraception définitive.

Mais de grâce que les théoriciens arrêtent de dire des contre-vérités. Les fugues, les bagarres entre mâles, les comportements de domination, le marquage se gèrent très bien par l'éducation et par une attention soutenue en période de chasse des femelles.

Disons la vérité il y a d'autres raisons que celles évoquées, comme les trafics, la concurrence entre particuliers et professionnels, l'intérêt économique des vétérinaires, l'absence de suivi et l'augmentation de la bâtardise.

L'élevage est un métier, il est réglementé et protégé. La majorité des éleveurs sont d'excellents professionnels. Sachez que des éleveurs placent des chiens dans des familles sélectionnées, pour un usage de reproduction en contrepartie de la gratuité du chien. Sachez que la consanguinité doit être maîtrisée, et que le brassage entre lignées est absolument nécessaire pour éviter les tares génétiques. Des particuliers avertis avec des chiens sélectionnés qui travaillent avec des éleveurs, c'est une bonne chose. La reproduction sauvage est un vrai fléau.

14 - UN ÉLEVEUR SÉRIEUX

L'éleveur doit être agréé par le Club Officiel de la race, et vous proposer des reproductrices et des reproducteurs de hautes lignées qui auront été testés et auront participé à des concours de nationale d'élevage avec une notation « excellent ».

Avant la première maternité, l'éleveur doit avoir fait radiographier les hanches des reproducteurs et fait coter les clichés par la commission du club de race, qui délivrera à l'éleveur le certificat officiel de cotation. Un test ADN des reproducteurs aura été réalisé, avec une vérification de paternité, mais aussi une recherche des tares oculaires sur les reproducteurs. Demandez à l'éleveur d'accepter de vous laisser avec le chiot qui vous intéresse et faite le test de Campbell.

L'âge idéal pour l'achat d'un chiot se situe entre 8 et 9 semaines. Il doit avoir sa puce, et son tatouage si possible. Il aura reçu une primo-vaccination pour les 3 maladies garanties par la loi : Maladie de Carré, Parvovirose et Hépatite.

L'éleveur doit vous remettre :

- une attestation de vente,
- un carnet de vaccination avec les timbres des premières injections et les dates des premières vermifugeassions,
- un certificat de naissance,
- un dossier d'identification,
- un Lof ou un préLof
- les copies des certificats de dépistages et des tests sur les géniteurs
- et s'il est vraiment professionnel, il vous remettra un sachet des croquettes utilisées par l'élevage pour

éviter un changement brutal de nourriture.
- et il vous donnera les premiers conseils de base,
N'oubliez pas de faire vacciner votre chiot à partir de 4
mois avec un rappel chaque année.

Merci pour votre confiance, dans un livre il restera toujours un manque, celui d'en attendre plus, car il y a toujours plus à dire, à titre personnel j'aime aller à l'essentiel.

Un grand merci aux élevages, qui de plus en plus recommandent mes guides.

Rendre des milliers de chiots et de maître heureux avec des conseils basiques et de bons sens, je ne vise rien d'autre.

Ce livre a été calculé pour être abordable à tous, c'est au prix d'un compromis sur les photos, les couleurs, et les paragraphes inutiles.

pilou

Choisir, Accueillir, Eduquer, Partager, Jouer, Soigner, Nourrir, Propreté, et aussi Sexualité, Vieillesse, Eleveurs.

ISBN-13: 978-1722466558
ISBN-10: 1722466553

Edition CreateSpace ISBN.

Difffusion Amason LTD